AF715515

मन की पंखुड़ियां

कुछ अनकहे एहसास

डॉ0 पंकज पालीवाल

BookLeaf Publishing
India | USA | UK

Copyright © डॉ0 पंकज पालीवाल
All Rights Reserved.

This book has been self-published with all reasonable efforts taken to make the material error-free by the author. No part of this book shall be used, reproduced in any manner whatsoever without written permission from the author, except in the case of brief quotations embodied in critical articles and reviews.

The Author of this book is solely responsible and liable for its content including but not limited to the views, representations, descriptions, statements, information, opinions, and references ["Content"]. The Content of this book shall not constitute or be construed or deemed to reflect the opinion or expression of the Publisher or Editor. Neither the Publisher nor Editor endorse or approve the Content of this book or guarantee the reliability, accuracy, or completeness of the Content published herein and do not make any representations or warranties of any kind, express or implied, including but not limited to the implied warranties of merchantability, fitness for a particular purpose.

The Publisher and Editor shall not be liable whatsoever...

Made with ❤ on the BookLeaf Publishing Platform
www.bookleafpub.in
www.bookleafpub.com

Dedication

मेरे अंतर्मन को

जो मौन में भी
मेरे हर शब्द को जन्म देता है।
जो अँधेरों में दीप बनकर
मेरी राहों को उजाला देता है।
मेरे आँसुओं को अर्थ देता,
मेरी मुस्कानों को प्रार्थना बना देता।
कभी प्रश्न बनकर झकझोरता,
कभी उत्तर बनकर थाम लेता।
यह पुस्तक उसी अनसुने,
अनदेखे, पर सबसे सच्चे साथी को समर्पित –
जिसने मुझे स्वयं से मिलाया,
मेरी कविताओं में
मेरा अस्तित्व बसाया।

– डॉ. पंकज पालीवाल

Preface

कभी-कभी ऐसा लगता है, मैं उन राहों पर खुलकर चल रहा हूँ, जहाँ न तो मंज़िल पूरी तरह दिखती है और न ही अतीत। हर अक्स अभी गुम हो चुका है। उन राहों की धूल, उन लहरों की हल्की सरसराहट, उन परछाइयों की खामोशी – सब कुछ मेरे भीतर जुड़ा हुआ है। इस काव्य-संग्रह की कविताओं में मैंने वही राहें, वही खामोशियाँ, वही बची-खुची गुज़री साँसों को शब्दों में पिरोने की कोशिश की है।

यह संग्रह एक खोज है – अपने भीतर की, अपनी दुनिया की, और उन भावनाओं की जो अक्सर अनकही रह जाती हैं। कुछ कविताएँ उन पलों की पूजा हैं, जब आँखों ने खत न लिखी और दिल ने दबी कहानी साध ली। कुछ कविताएँ उन उजाले की चिंगारी हैं, जो अंधेरों में भी देखी गयी – उम्मीद की, विश्वास की, फिर से शुरू करने की।

यदि आप इन पन्नों को पलटेंगे, हो सकता है – आपको सिर्फ कविताएँ नहीं, बल्कि एक यात्रा मिले: मेरी यात्रा, आपकी यात्रा; उन भावों की, उन खामोशियों की, उन सपनों की। और अगर वह यात्रा आपके अंदर किसी हल्की सी हलचल, किसी मुस्कान या किसी याद की गहराई जगाए – तो समझ लीजिए, मेरी यह कोशिश सफल हुई।

– डॉ0 पंकज पालीवाल
14 नवम्बर 2025, अलीगढ़ (उत्तर प्रदेश)

Acknowledgements

मेरी काव्य-रचना **"मन की पंखुड़ियां"** के साकार होने में मेरे आराध्य,मेरे स्वजनों,मेरे मित्रों, अनजाने साथियों और जीवन-यात्रा के उन सभी अतुलनीय क्षणों का महत्वपूर्ण योगदान रहा है, जिन्होंने मेरे मन की भावनाओं को शब्द देने की शक्ति प्रदान की।

आप सभी की प्रेरणा, सहयोग और विश्वास ने मेरी लेखनी को दिशा और गति प्रदान की है।

मैं हृदय से उन सभी का कृतज्ञ हूँ जो प्रत्यक्ष या परोक्ष रूप में मेरी इस रचना के प्रेरणा स्रोत रहे।

आपके स्नेह और समर्थन से ही यह काव्य संकलन अपने पाठकों तक पहुँच सका है।

सादर धन्यवाद एवं आभार!

– डॉ० पंकज पालीवाल

1. तुम्हारा समय

किसी के काम का पतझड़
किसी के काम का सावन
जिसे पतझड़ सहारा दे
उसे क्या काम सावन से
घरौंदे उसके बने पतझड़ से
उसे सावन से बचाते हैं
कहां मयस्सर उसे आश्रय
अगर तिनके न पतझड़ दे
जहां हो काम तिनकों से
न पत्थर काम आते हैं
वक्त और जगह सुनिश्चित है
वही समय पैगाम आते हैं
कोशिश वही करना
बदल पाओ अगर नियति
जहां सब कुछ नियत पहले
नेक नीयत ही बस रखना
अगर है वक्त उनका तो
समय भी तो तुम्हारा है
गवां जिसको रहे हो तुम
वक्त उनका नहीं है वो

समझ जिसको न पाए तुम
समय वो ही तुम्हारा है।।।

2. काश रंग पढ़ लेता बचपन में

काश रंग पढ़ लेता बचपन में
रंगों को पहचान तो सकता
कौन रंग में कौन सा रंग छुपा
इसका अनुमान लगा पाता
शायद नहीं पता था शिक्षक को
इतना अहम सबक होगा
हर पल रंग बदलती दुनिया में
कैसे टिका सकेगा खुद को
रंगों से अंजान जो होगा
वक्त के साथ रंग भी बदले
पर शायद इंसानों से पीछे
समझ न सकता रूप रंगों के
इंसानों की फितरत कैसे समझे...

3. दौर वही लौटा दो

अच्छा था वो दौर
हाथ से जब लिखते थे
इमला हो श्रुतिलेख
अक्षर पर अक्षर लिखते थे
मात्र मगर वह लेख नहीं था
मात्रा अक्षर का मेल नहीं था
व्याकरण का था ज्ञान समेटे
मन के भावों का शॉल लपेटे
मूल्यांकन नहीं केवल अक्षर का
आकलन था पूरे व्यक्तित्व का
कला प्रेम सौंदर्य समन्वय
कितने ही कौशल विकास
खेल खेल में बिना प्रयास
बचपन था जो रहा तराश
कहां तलाशूं आज लेखनी
कला और मानस की जननी
मन के संवेग जताऊं कैसे
अक्षर आज सजाऊं कैसे
पट्टी कॉपी मेरी लौटा दो
जैसा भी हो दौर वही लौटा दो..

4. उत्तर मौन होकर छिप रहा

प्रश्न है भयभीत इतना
उत्तर मौन होकर छिप रहा
चन्द हाथों में सिमट सा
फिर से तन्त्र सारा छिप रहा
न विरोध है न प्रतिरोध है
न जाने कौन सा वो मंत्र है
सबको मुग्ध है जो कर रहा
टूटते ख्वाब और अंधेरा देखकर भी
खुद के लिए न कह रहा
परमार्थ है या भयभीत किंचित
जो अनुसरण उनका कर रहा
है मान उसका लूटकर
सामर्थ्यवान जो हो गया
ज्ञान भी तो हो पराजित
शालाओं तक सीमित हो गया
चरम है या अभी और बाकी
कुछ देखने को रह गया
तुच्छ सा मानव भी कैसे
आराध्य तेरा हो गया...

5. अब की बार मनाऊं जश्न ए आजादी जब मैं

अब की बार मनाऊं जश्न ए आजादी जब मैं
हो भारत वही अखंड आर्यावर्त अपना
जिसका गुण इतिहास सुनहरा गाता है
सोने की चिड़िया ,ऋषि मुनियों की देवभूमि
जिसके संकट नारायण स्वयं निवारण करते
नर नारायण के रूप विचरते
अब की बार मनाऊं जश्न ए आजादी जब मैं
सत्य सनातन धर्म जहां हिंसा से परहेज सदा
सम्मान सदा जहां मानवता का
नारी का मान सदा सर्वोपरि
सत्य जहां निर्भीक विजयी हो
भ्रष्ट मक्कारों को जहां पनाह न हो
उज्ज्वल सदा आंचल मां तेरा
उस आंचल में कोई गद्दार न हो
अब की बार मनाऊं जश्न ए आजादी जब मैं
हो भारत वही अखंड आर्यावर्त अपना..

6. मित्र

रहते सदा साथ नहीं लेकिन
वे सदा साथ होते हैं
मतलब तो नहीं होता उनका
पर मायने सदा रखते हैं
जन्मों का बन्धन नहीं भले
पर अटूट बंधे रहते हैं
भले न मिलें गुण अधिकाधिक
लेकिन हृदय मिले रहते हैं
एक कृष्ण हो एक सुदामा
एक कर्ण दुर्योधन दूजा
अन्तर हो सकता स्तर का
अंतः करण एक होते हैं
एक धूप हो छांव हो दूजा
पर सांझ वहीं होते हैं
रिश्ता तो कुछ होता विचित्र
पर शायद मित्र वही होते हैं।

7. ठोकरें और जरा सी खा लूं

होगी मुलाकात उसी मोड़ पर तुझसे जिन्दगी
अभी वक्त है थोड़ा और बदल लूं खुद को
थोड़ा सा ही निखरा हूं अभी मैं
अभी और आग में तपना है बाकी
नाप लिए पथ बहुत आज तक
अन्तर्मन के पथ पर है चलना बाकी
स्मृतियों से तो आजाद नहीं पर पहले
खुद से खुद को आजाद तो कर लूं
कुछ अस्तित्व अभी बाकी है
खुद पर अभिमान अभी बाकी है
कठिन नहीं खुद को भूल जाना
पर ठोकरें और जरा सी खा लूं....

8. अब न पूंछना धर्म हमारा

अब न पूछना धर्म हमारा
ये सौदा बहुत महंगा होगा
हम राष्ट्रधर्म के अनुयायी
दिल में बस भारत ही होगा
विनय प्रेम में सब न्यौछावर
खुद की जान लुटा देगा
स्वाभिमान से लेकिन किंचित
कुछ भी कम स्वीकार न होगा
प्रेम शांति से पूजा करते
लेकिन यज्ञ अग्नि से करते हैं
सदियों का इतिहास हमारा
गहरी नींद उड़ा देगा
सोच समझ कर कदम उठाना
बारिश में आग लगा देगा
सोच नई पर सिद्धान्त वही है
रणनीति नई पर संकल्प वही है
शरणागत की रक्षा करते
दुश्मन को उसके घर धरते
ज्ञान और योग की शालाएं
हैं शक्ति पीठ भी कई हमारे

एक हाथ शास्त्र, शस्त्र दूसरे
हरदम रखते हैं देव हमारे।

9. अगर जन्म लूं बार बार

जन्म अगर लूं बार बार
तो धर्म सनातन हो मेरा
हो जन्म भूमि पावन मेरी
अखण्ड राष्ट्र भारत मेरा
गंगा यमुना के तट समीप
बृज और अवध से नाता
राम कृष्ण की जन्म भूमि
ऋषि मुनियों की तपोभूमि
वेद ऋचाओं के मंत्रों से
गूंजे धरा गगन सारा
प्रकृति जहां पूजी जाती
परहित धर्म सदा जिसका
मानी जाती जहां गौ माता
वृक्ष सदा औषधि दाता
हर घर मंदिर हर मन मंदिर
निर्मल सहज सदा जीवन
जहां ज्ञान और विज्ञान सदा
सिद्धांत सदा मानवता का
जितना भी जियूं बस वास यहीं
हर जन्म की हो अभिलाष यही।।

10. जैसा भी हूं स्वीकर करो

आह्वान नहीं आता मुझको
पर इंतजार तेरा रहता हरपल
स्वागत में गीत न मैं गा पाता
न मैं तोरण द्वार सजा पाता
खुशी मगर इतनी होती
शब्दों में न वर्णन कर पाता
न मंत्र न कोई छंद सही
उच्चारण तुझको कर पाऊं
विधि विधान से अनभिज्ञ भले
कम ज्यादा त्रुटि भी संभव है
पर श्रृद्धा भाव अटूट मेरा
विचलित मैं कभी न हो पाऊं
मन में ही है मन्दिर तेरा
ध्यान तेरा अक्सर करता
तीरथ का इतना नहीं मगर
गुण गान सदा तेरा करता
बस एक यही विनती मेरी
जैसा भी हूं स्वीकार करो।

11. दोष लकीरों का नहीं होता

दोष लकीरों का नहीं होता
किस्मत हम खुद ही लिखते हैं
आज नहीं तो कल पाते ही हैं
वो अक्सर जो हम खुद बोते हैं
किस्मत तो उनकी भी होती है
जिनके हाथ नहीं होते हैं
खुद ही लकीर बना लेते हैं
उनके मोहताज नहीं होते हैं
राहें कुदरत आसां करती बस
खुद ही पथ तय करने होते हैं
गान उन्हीं का होता है अक्सर
जो खुद को आगे रखते हैं
अनुकरण नहीं उनका होता
जो खुद को पीछे रखते हैं
सदा सुगम पथ कहाँ सूर्य का
अंधेरों से भी अक्सर लड़ता है
बिना कष्ट कहाँ चमक स्वर्ण में
प्रचण्ड अग्नि में तपना पड़ता है।

12. आज कलम भी डरती है

आज कलम भी डरती है
सच्चाई को लिखने से
शब्द एक लिखने से पहले
ये कई शत बार सोचती है
हर हाथ कलम है इसका कारण
या डर हाथ कलम होने का
कहां गए वो शब्द कभी जिनसे
कड़वी सच्चाई झलकती थी
नहीं चमकती खड़ग रूप
अब ये केवल स्तुति लिखती है
कभी चमकती असि रूप वहीं
जहां निर्बल की गर्दन दिखती है
देश काल का है प्रभाव या
खुद की सामर्थ्य भुला बैठी
नहीं सुयोग्य सबल हाथों में
या खुद का इतिहास भुला बैठी।

13. दो पग न चला,तो जीवन क्या

दो पग न चला , तो जीवन क्या .
गिरकर न उठा ,तो यौवन क्या .
खुद से जो डरा , तो साहस क्या .
अपनों को रूलाया , तो ताकत क्या .
महसूस न ज़िसने , दर्द किया .
तो क्या इश्क किया ,क्या प्यार किया .
बहती हुई हवा भी तो अक्सर
टकराती है रुक जाती है .
अपनों से ज़िसको गम न मिला
वो क्या खाक ज़िया ,बेकार जिया !

14. सच का आईना दिखाती है जिन्दगी

कभी है धूप सी, है कभी छांव सी
जिन्दगी लग रही है महज दांव सी
खेलना आ गया जीतना आ गया
है हुनर वालों की मिल्कियत जिन्दगी
कभी घुप अँधेरा, है कभी रोशनी
जिन्दगी लग रही है किसी गाँव सी
चहक उठता है रोशन होकर मगर
थम सी जाती अंधेरों में फिर कहीं
कभी है हँसाती, है रुलाती कभी
कलाएं चन्द्र सी है दिखाती जिन्दगी
पल में दे जाती कितना,पल में मगर
सूद के साथ ले जाती ये जिन्दगी
कभी है जश्न सी,है कभी जंग सी
जाने कितना सिखायेगी ये जिन्दगी
ठोकरों से संभलना सिखाती मगर
मंजिलों तक पहुँच गिराती जिन्दगी
कभी है रेंगती,है कभी ये दौड़ती
मगर रुकती नहीं कभी ये जिन्दगी
हमीं ने बिगाड़ा है हमीं ने सँवारा

खुद ही तय कहाँ करती जिन्दगी
रखती है पल पल का हर हिसाब
सच का आईना दिखाती है जिन्दगी।।

15. लेखनी लिख ऐसा कुछ जो तेज हो तलवार से

लेखनी लिख ऐसा कुछ जो तेज हो तलवार से
ओढ़ कर चोला तेरा फैला रहे जहर कुछ गद्दार हैं
दुष्टता का प्रतीक हैं वो मत पेश आ तू प्यार से
फिर से जगा दे देश के सच्चे जो सिपहसालार हैं
तोड़ दे तू दम्भ उनका कमजोर जो समझे तुझे
मत छिटक हाथों से जरा भी पूजते हैं जो तुझे
कर रहे नाश गौरव देश का आज तेरे नाम से
खाक कर उनको जला बदनाम जो करते तुझे
समय की पुकार है उठ मजबूत बन तू लेखनी
ना पड़े दुर्भाग्यवश मानसिक गुलामी देखनी
कुछ फिरंगी कर गये कुछ वामपंथी कर रहे
मानस मन को स्वार्थ हित कब से जो बदल रहैक
अब तो जगा उनको बौद्धिक धनी जो सो रहे
मजबूत कर दे विचार वो जो राष्ट्रवादिता से भरे
मत फिसल उस हाथ से जो लेखनी हित में चले।

16. तोड़ देती हैं हसरत दम एक दिन

तोड़ देती हैं हसरत दम एक दिन
हर किसी को मयस्सर वो मंज़िल नहीं
नसीब में है मिलेगा वही फिर तुझे
सोचकर बैठ जाना भी फितरत नहीं
एक दिन रंग लाएगी मेहनत तेरी
आज कल में नहीं फिर कभी ही सही
है सबब जिंदगी का अदब कीजिए
बेवजह तो नहीं जिन्दगी ये मिली
भले सबक ही सिखा कुछ चली जाएगी
काम तेरे नहीं और के आएगी
हाथ पर हाथ रख क्यों बैठा हुआ
कर रहा रोशनी का तू इन्तजार
एक करवट बदल कर दिया तो जला
रोशनी कुछ तो देकर ही जायेगी
देर कितना भी ठहरे तेरे पास वो
जिन्दगी मकसद तो पूरा कर जाएगी।

17. सब कुछ बदल दिया मानव ने

कहाँ सूर्य में चमक रही वह, कहाँ चाँद में शीतलता
कहाँ दिशा का बोध कराते, अब तारे पथ से भटक रहे
कर अवरुद्ध मार्ग ऋतुओं का, मौसम को प्रतिकूल किया
सब कुछ बदल दिया मानव ने,छीन प्रकृति की मादकता
कहाँ फिज़ाओं में खुशबू वह,कहाँ निर्झरिणी में निर्मलता
कहाँ बनाये अब नीड़ पखेरू,जमीं पड़े कम मानव को
सबको कर बेघर मानव ने, खुद को महलासीन किया
सब कुछ बदल दिया मानव ने,छीन मेरु की सुन्दरता
कहाँ गगनचर कलरव करते,कहाँ किलकारी बचपन की
सर्वस्व बदलने की चाहत में,मानव ने खुद को बदल लिया
कल पुर्जों से चलता मानव,खुद को जीवन हीन किया
सब कुछ बदल दिया मानव ने, छीन धरा की वैभवता।

18. मौन है समाज आज खामोश हर आवाज़ है

मौन है समाज आज खामोश हर आवाज है
ढूँढता स्वयं हित वो जो राजनीति का साज है
धर्म और जाति से ये तेरा आँकता वजूद है
लौट आ तू जो दे सके ये मांगता सबूत है
जला सके न शहर जो वो दोषी संस्कार है
कानून को ही मानना आज यहाँ अपराध है
घटना भले समान हो पर धर्म जाति भिन्न हो
न हो प्रभावहीन भीड़ ,हो जो मतों में बदल सके
पल पल बदलते अर्थ यहाँ,कहाँ शब्द का वजूद है
भयभीत है समाज आज तेरा कांपता सबूत है
कर्तव्य तेरे वास्ते अधिकार की न मांग कर
जी सके तो चुपचाप जी,मौत तेरी गुमनाम है
तू ही नहीं मरी है यहाँ कितने मरे जमीर हैं
आत्मायें अब कहाँ बची बस बोझ ये शरीर हैं
तू राष्ट्र धर्म निभाये जा वो ले धर्म जाति की ध्वजा
तुझे संस्कार बख्श फिर क्यों मान तेरा न छीन लें
तू कृष्ण की ही आस कर दुशासनों की भीड़ में
स्वार्थ में समाज रत यहाँ काँपता है पार्थ भी।

19. सावन सदा कहां रहता है

सावन सदा कहां रहता है
पतझड़ भी आगे आता है
बहुत जरूरी है परिवर्तन
नयापन कुछ लेकर आता है
अंधेरा भी जरूरी है जीवन में
अवसर नए लेकर आता है
सदा उजियारे रहकर कोई
खुद को कहां समझ पाता है
अगर भोर है बचपन दिन का
रात भी मां समान होती है
अंकुर तभी भोर का खिलता
खुद का बलिदान रात करती है
समेट दर्द गम सारे दिन के
नया जोश जीवन में देती
दिन के जख्मों को मरहम देती
सबको अपनी गोद सुलाती
नियत नहीं नियति की नीयत
जीवन की भी रफ्तार यही है
अवसर प्रकृति उन्हीं को देती
परिवर्तन को तैयार निरन्तर

20. बुद्धि विवश है विवेक मौन

बुद्धि विवश है विवेक मौन
है भीड़ तंत्र यहाँ सुने कौन
धनबल परिचायक गुणता का
स्वीकार वही आदर्श वही
तिरस्कार झेलती यहाँ मेधा
सहचर अनुगामी बने कौन
स्मृति शेष प्रतिमा विशेष
बाट जोहती रहती प्रतिपल
मिलने आयें कुछ अनुयायी
जन्म दिवस अवसान दिवस
कर्तव्य आपके अधिकार हमारे
उपकार आपका बांट दिये
स्वीकार सहर्ष या विवश किया
दायित्व निभाया रहा मौन
कहाँ ज़मीर अब जीव शेष
अहंकार वश कुचल दिया
उनसे ऊपर एक अगोचर
उनको आज बताये कौन।।

21. उड़ने लगी है नींद भी आँखों में आकर

न जाने कब भोर होगी यह सोचकर
पल पल झरोखों से देखती झाँककर
है अभी रात बाकी बहुत ये भाँपकर
थकने लगी नींद भी आँखों में आकर
कैसे बना लूँ बसेरा इन आँखों में अभी
बोझ बन पलकों को गिरा तो दूँ मगर
कितने ही ख्वाब अधूरे हैं इनमें अभी
जोड़नी है श्रृंखला जिनकी बाकी अभी
ये सफर तारों का अभी पूरा नहीं क्यों
लालिमा भी सूर्य की अब तक नहीं क्यों
बंदिशें इन पर भी लगा दीं आज किसने
उपवनों में पक्षियों की कलरव नहीं क्यों
लगने लगी क्यों आज लघु सरहदें सारी
सिमट सी क्यों रही पदचाप आज सारी
परिवर्तन की आहट तो नहीं सोचकर
उड़ने लगी है नींद भी आँखों में आकर।

www.ingramcontent.com/pod-product-compliance
Lightning Source LLC
Chambersburg PA
CBHW070654240926
51846CB00003BA/914
* 9 7 8 9 3 7 5 2 7 2 8 7 8 *